Bichos superraros y Asquerosos

Para Futuros Científicos

Papel certificado por el Forest Stewardship Council®

Primera edición: abril de 2026

Printed in Spain – Impreso en España

ISBN: 978-84-488-7294-6
Depósito legal: B-2.568-2026

Compuesto por Miguel Ángel Mazón Studio
Impreso en Gómez Aparicio, S. L.
Casarrubuelos (Madrid)

BE 7 2 9 4 6

RICARDO MOURE

Bichos SUPERRAROS y Asquerosos

PARA FUTUROS CIENTÍFICOS

Ilustraciones de
MARTA PIEDRA

Introducción

Nombre común: Ricardo
Nombre científico: *Homo sapiens*

¡HOLA!
Me llamo Ricardo
y soy biólogo.

Un biólogo (o una bióloga) es una persona que estudia a los seres vivos: las plantas, los hongos, las bacterias... y, por supuesto, ¡¡¡los animales!!!

Seguro que conoces un montón de animales: perros, orcas, tiburones, periquitos, abejas... Pero ¿sabes cuántas especies existen en la Tierra?

RICARDO
DE PEQUE

Ahora mismo conocemos más de un millón, pero los científicos creen que quedan por descubrir... ¡entre cuatro y nueve millones más! ¡Alucina pepinillos la de bichos que aún están esperando a que los encontremos!

Si algún día te animas a estudiar biología, quién sabe...
¡Quizá seas tú quien descubra algunas de esas especies misteriosas!
Porque, si estás leyendo este libro, seguro que te encantan los animales.
¿A QUE SÍ?

A mí siempre me han chiflado tanto como ahora, así que, para escribir este libro, he viajado en el tiempo y me he convertido otra vez en niño. No sé a ti, pero a mí los mocos, las cacas y los pedos me hacían reír mucho cuando era pequeño.

Vale, y ahora que soy mayor, también, por eso he escrito el libro que me habría encantado leer cuando era un niño curioso y con ganas de pasarlo bien. Es un libro sobre animales asquerositos y un poco marranetes que, sin embargo, pueden enseñarnos algo muy importante: que todos tenemos un lugar en este mundo.

Todos los animales —hasta los más olorosos, babosos, arrugados o pedorros— tienen su sitio en la naturaleza. Todos ayudan a que el planeta funcione como un gran ser vivo, porque forman un equipo que mantiene la Tierra en equilibrio.

Este equipo, por desgracia, se está desajustando por culpa de muchas cosas que hacemos los humanos. Pero hay que pararse a pensar: si nos cargamos el mundo..., ¿dónde vamos a vivir?

Cuidar de los seres vivos, hasta de los más raros y asquerosos, es cuidar de nosotros mismos. Como dijo la gran científica Jane Goodall: «Solo si entendemos, podemos preocuparnos. Solo si nos preocupamos, ayudaremos. Solo si ayudamos, seremos salvados».

¿UN BESITO?

Los bichos que viven en tu cara

Nombre común: ácaro folicular
Nombre científico: *Demodex folliculorum*

¿Alguna vez te has sentido solo? ¡Pues no te pasará nunca más! Primero, porque hay mucha gente que te quiere y que es feliz a tu lado. Y, segundo, ¡porque en tu cara viven miles de bichos! Son los demodex, unos animales microscópicos más finos que un pelo.

¿Y CÓMO LLEGAN A NUESTRA CARA?

Pues bien, los heredamos de nuestros padres y madres desde que somos pequeños. Al darnos abrazos, tocarnos y compartir toallas, sofá o ropa de cama, sus demodex se mudan a nuestra piel.

LOS INSECTOS TENEMOS SEIS PATAS Y ANTENAS

SOMOS ARÁCNIDOS

OCHO PATAS SIN ANTENAS

¡FELIZ CUMPLE! ¡ESTOS DEMODEX ERAN DE TUS TATARABUELOS!

LOS DEMODEX NO SON INSECTOS: ¡SON ARÁCNIDOS!

Los insectos tienen seis patas y antenas, mientras que los arácnidos tienen ocho patas y carecen de antenas. *CUENTA SUS PATAS:* una, dos, tres…, ¡¡¡ocho!!! Tienen ocho patas porque son arácnidos. Es decir, son animales emparentados con las arañas, las garrapatas y los escorpiones.

¡¡¡PUAJ!!!

Pero tranquilo: los demodex son completamente inofensivos y no pican ni atacan. Se alimentan de las cochinadas que se acumulan en tu piel, como sebo (la grasa que protege la piel) y células muertas. Imagina que son como pequeñas vaquitas que pastan en un prado de grasa y porquería. **¡¡¡ÑAM!!!**

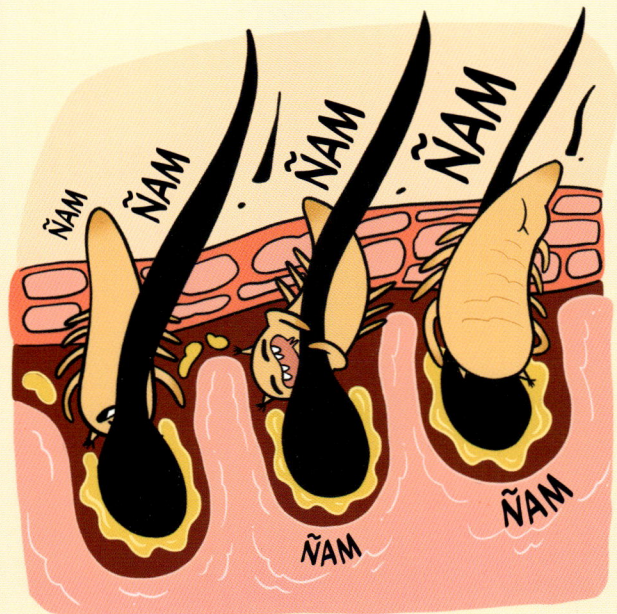

DE DÍA VIVEN DENTRO DE LOS FOLÍCULOS, UNOS AGUJERITOS DE LOS QUE NACE EL PELO. Pero de noche salen a pasear por tu cara para reproducirse. ¿Y sabes dónde les encanta vivir? ¡En tus pestañas!

Se reproducen poniendo un solo huevo enorme que es casi de la mitad de su tamaño. **¡FLIPA!** Es como si un humano pusiera un huevo que le llegara a la cintura.

¿Y sabes lo más gracioso de los demodex? ¡¡¡Que no hacen caca!!! No tienen ano, así que se guardan la caquita dentro durante toda la vida. **¡MENUDO AGOBIO!**

Solo viven unos catorce días. Cuando mueren, su cuerpo se descompone y la caca sale por todas partes.

Así que ya sabes:

¡¡¡LÁVATE BIEN LA CARA, PORQUE LA TIENES LLENA DE CACA DE DEMODEX!!!

Los peces que hablan con pedos

Nombre común: arenque del Atlántico
Nombre científico: *Clupea harengus*

¿Alguna vez has comido arenques? Son unos peces
que parecen sardinas grandotas: pueden llegar a medir
treinta centímetros, ¡como la regla del cole!

Viven en grupos gigantes llamados
cardúmenes, formados por miles de peces
que nadan al mismo tiempo como si fueran
un solo superpez. ASÍ CONFUNDEN A SUS
ENEMIGOS Y EVITAN QUE SE LOS COMAN.

Por el día se coordinan
mirando a los demás, pero
por la noche no se ven.
¿Cómo lo hacen entonces?
MUY FÁCIL: ¡HABLANDO
CON PEDOS!

Cuando está oscuro,
se comunican expulsando
pequeñas burbujas por el culo
que hacen sonidos como
PLOF, CHAS o CRAC.
Los científicos lo llaman FRT
(Fast Repetitive Tick), pero tú
puedes llamarlo...
¡EL IDIOMA PEDORRO
DE LOS PECES!

Con esos chasquidos se dicen unos a otros dónde están y hacia dónde se mueven.
Es como si tus amigos y tú jugarais a la gallinita ciega tirándoos pedos
para saber dónde está cada uno.
¡QUÉ ASCO... Y QUÉ ÚTIL!

En Suecia usan los arenques para hacer *surströmming*, una comida tan apestosa que se dice que HUELE A UNA MEZCLA DE PESCADO PODRIDO, JAULA SUCIA DE HÁMSTER Y VÁTER DEL COLE ATASCADO.
Pero ¡allí es un manjar! Además, suelen comerlo con un enorme vaso de leche.

Dentro de la lata se produce la fermentación, un proceso en el que diminutas bacterias se comen algunas partes del pescado. Mientras lo hacen, producen líquidos con olores muy fuertes y... ¡¡¡GASES APESTOSOS!!!

¡SON BACTERIAS PEDORRAS!

A veces, la lata se hincha tanto a causa de los gases que, al abrirla, hace PFFF y salen disparadas unas burbujas apestosas. Vamos, que la lata de *surströmming* es un festival de pedos microscópicos.

Peces pedorros, bacterias gaseosas y latas apestosas.
¡DEMASIADO PFFF POR HOY!

El lagarto que dispara sangre por los ojos

Nombre común: lagarto cornudo
Nombre científico: varias especies del género *Phrynosoma*

Los lagartos cornudos son unos reptiles llenos de pinchos que viven en los desiertos de Norteamérica: esos que salen en las pelis de vaqueros con cactus gigantes y bolas de matojo rodando por el suelo.

Parece un dragón bebé monísimo, ¿a que sí? Pues no te fíes de su carita tranquila. DONDE PONE EL OJO... ¡PONE EL CHORRO DE SANGRE!

Aunque parezca mentira, en el desierto viven muchísimos animales, incluidos montones de depredadores como los coyotes, que están deseando COMERSE UN RICO LAGARTO.

SE BUSCA
LAGARTO CORNUDO

¡¡¡ÑAM!!!

MENÚ
1 SOPA DE LAGARTO
2 CROQUETAS DE LAGARTO
3 TARTA DE LAGARTO

PERO LOS LAGARTOS CORNUDOS SABEN DEFENDERSE. Sus colores y formas se parecen tanto a la arena y las rocas que es como si fueran disfrazados de desierto. Se camuflan para que los coyotes no los vean.

SI LES FALLA EL CAMUFLAJE, ESTOS LAGARTOS TIENEN ESPINAS QUE LOS PROTEGEN. Sobre todo en la cabeza, por eso se les da el nombre de cornudos. Cuando los coyotes intentan morderlos…, **¡ZAS!**, se pinchan con los cuernos o las espinas y se llevan un bocadito doloroso.

Pero, si no les funciona ni esconderse ni pinchar, los lagartos cornudos ¡tienen un arma secreta! Son capaces de apretar con fuerza los músculos de la cabeza y los ojos y, **¡¡¡PUAJ!!!**, disparan un chorro de sangre a la cara de sus depredadores.

SU SANGRE ES MUY ESPECIAL: huele tan mal, sabe tan asquerosa y pica tanto que los coyotes salen corriendo con cara de «¡PUAAAJ!».

¿Y POR QUÉ SU SANGRE HUELE TAN MAL Y PICA TANTO? Pues porque estos lagartos se pasan el día comiendo hormigas *Pogonomyrmex*, que tienen veneno, y almacenan ese veneno en la sangre para defenderse.

El reino de la rata calva con superpoderes

Nombre común: rata topo desnuda
Nombre científico: *Heterocephalus glaber*

¡Nos vamos a África! Allí, bajo tierra, existe un auténtico reino, pero en él no viven personas, sino uno de los animales más raros y asombrosos del planeta: la rata topo desnuda.

Parece un hámster al que se le ha olvidado ponerse el abrigo. ¡O UN CODO DE ABUELO CON PATAS!

Sí, es bastante fea, pero no te dejes engañar por las apariencias. EN REALIDAD, ¡LA RATA TOPO ES ALUCINANTE!

La rata topo es un roedor, como los hámsters o las capibaras, y por eso tiene dientes enormes. Pero ¡los tiene fuera de la boca! Así puede excavar kilómetros de túneles sin tragarse tierra. ES COMO LLEVAR DOS PALAS INCORPORADAS EN LA CARA.

Igual que las abejas o las hormigas, las ratas topo son eusociales: viven en colonias con una reina que es también la madre de todos. ¡PUEDE TENER MÁS DE TRESCIENTAS CRÍAS! Su madriguera de túneles es como un castillo subterráneo lleno de súbditos.

Nunca nunca ¡nunca! sale a la superficie, así que la rata topo apenas ve nada. Tiene los ojos tan pequeñitos que solo nota si hay luz o no. Para moverse por sus túneles se guía por el olfato, por el tacto de los bigotes y por las vibraciones del suelo. De este modo nunca se pierde bajo tierra.

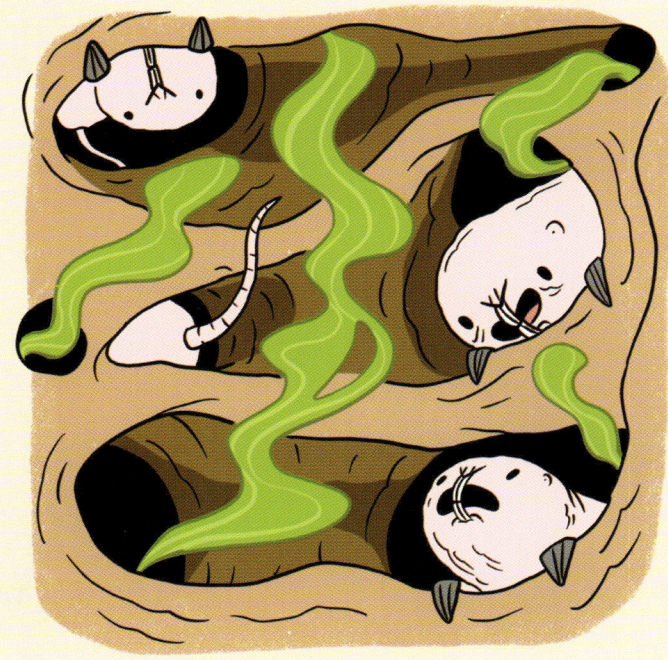

Allí abajo hay tan poco oxígeno que nosotros nos desmayaríamos. Pero la rata topo puede aguantar hasta dieciocho minutos sin respirar. Entrar en sus túneles sería como meterse en un cuarto cerrado con todos tus amigos tirándose pedos durante horas. ¡PUAJ!

La rata topo desnuda alucina a los científicos y científicas de todo el mundo porque *TIENE UNA VIDA LARGUÍSIMA.* Mientras que el ratón y el hámster viven uno o dos años, la rata topo puede cumplir hasta cuarenta. Y lo mejor es que llega a esa edad sin apenas enfermar.

ES TAN RESISTENTE QUE ES INMUNE AL CÁNCER. Por eso se estudia a estos animalitos para descubrir cómo curar esta enfermedad.

¡Quizá seas tú, futuro as de la ciencia, quien descubra esa cura *GRACIAS A ESTA RATA CALVA TAN SIMPÁTICA!*

El pez de cabeza transparente y otros animales de las profundidades

Nombre común: pez de cabeza transparente
Nombre científico: *Macropinna microstoma*

En las profundidades del océano, muy muy abajo, no hay luz, casi no hay comida... ¡y el agua te aplasta por todos lados!

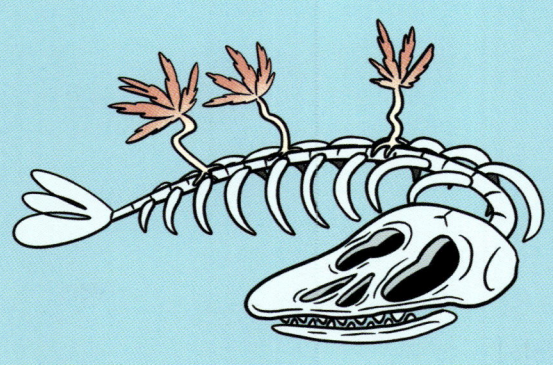

Es como estar en un supermercado vacío, con los ojos vendados y un yunque en la cabeza. Aun así, ¡allí viven algunos de los animales más flipantes del planeta!

El más famoso es el rape abisal, un pez con una boca enorme llena de dientes. Lleva una linterna en la cabeza para atraer a sus presas. Cuando un pez se acerca a mirar la lucecita... **¡ÑAM! DESAPARECE DE UN BOCADO.**

También están los osedax, unos gusanos que se pegan a los esqueletos de las ballenas y se los comen poco a poco como si fueran espaguetis. **¡SON LOS ZOMBIS DEL FONDO DEL MAR!**

PERO EL MÁS RARO DE TODOS ES EL PEZ DE CABEZA TRANSPARENTE.

¿VES ESAS DOS BOLAS VERDES? No son el cerebro, ¡son los ojos!
Los tiene dentro de la cabeza, pero puede ver a través del cráneo porque...
¡ES TRANSPARENTE! Y esos dos puntitos negros que parecen los ojos, en realidad
SON LOS AGUJERITOS DE LA NARIZ.

OJOS

NARIZ

¿Y POR QUÉ TIENE LOS OJOS METIDOS DENTRO DEL CRÁNEO? Porque en las profundidades hay tan poca comida que se alimenta de medusas supervenenosas. Como las caza desde abajo, necesita protegerse para que no le piquen en los ojos con sus temibles tentáculos.

Así que el pez de cabeza transparente va mirando siempre hacia arriba, flotando en la oscuridad como un adolescente enamorado.

Y, mientras tú estás leyendo esto tranquilamente en tu habitación, ellos siguen ahí abajo, en la oscuridad total. En un lugar abarrotado de bocas llenas de dientes, seres luminosos, gusanos zombis y peces que ven a través del cráneo.

Así que ya sabes: cuando mires al mar,
ACUÉRDATE DE LOS MONSTRUOS DEL FONDO...

La tortuga peluda que respira por el culo

Nombre común: tortuga del río Mary
Nombre científico: *Elusor macrurus*

**La tortuga del río Mary solo vive en ese río de Australia.
¡Y mira qué pelazo tiene!**

A veces parece que lleva un **FLEQUILLO DE BEATLE.**

Y otras, que tiene una **CRESTA PUNKI.**

Pero en realidad no tiene pelo. Lo que le sale de la cabeza son algas. Le crecen en esa parte porque esta tortuga vive en aguas llenas de luz, nutrientes y vida, y porque casi no sale a la superficie. **¡¡¡PUEDE PASAR TRES DÍAS SIN SALIR A COGER AIRE!!!**

¿Y SABES CÓMO LO CONSIGUE? ¡RESPIRANDO POR EL CULO!
La tortuga del río Mary hasta es capaz de coger oxígeno del agua con
su **CLOACA**, respirarlo y luego expulsar dióxido de carbono.
O sea, que lo que tú haces con los pulmones...
¡ELLA LO HACE CON EL CULETE!

La cloaca es el orificio que le sirve para
hacer pis y caca, y para reproducirse.
¡TODO POR EL MISMO SITIO!

Y hay más cosas extrañas. ¡Mira debajo de
su boca! Tiene dos colgajos, ¡UF, QUÉ RARO!

Se llaman barbillas mentonianas y sirven
para buscar comida en el fondo del río
usando el tacto. ¡SON COMO DOS DEDITOS
QUE BUSCAN COMIDA ENTRE EL LODO!

Aunque parezca un dibujo animado, esta
tortuga es muy real. Pero podría dejar de
serlo porque está en peligro de extinción.
Durante mucho tiempo la cazaban para
convertirla en mascota.
A VECES, LAS CRIATURAS MÁS RARAS
DEL PLANETA SON TAMBIÉN LAS QUE
MÁS NECESITAN QUE LAS MIREMOS
CON CARIÑO.

La rana que vomitaba a sus bebés

Nombre común: rana incubadora gástrica
Nombre científico: *Rheobatrachus silus* y *Rheobatrachus vitellinus*

¿Alguna vez has visto una charca llena de renacuajos?

Las mamás rana ponen sus huevos en el agua, y de ellos nacen los renacuajos. Los renacuajos comen bichitos y algas, y poco a poco les salen las patitas, pierden la cola y se convierten en ranas.
A ESE CAMBIO SE LE LLAMA METAMORFOSIS.
¡Una palabra difícil para un cambio increíble!

¡HUEVOS! ¡RENACUAJO! ¡CON PATITAS! ¡UNA RANA!

Pero las ranas gástricas australianas hacían algo todavía más raro.
¡SE TRAGABAN SUS PROPIOS HUEVOS! Su estómago se convertía en una incubadora, como si tuvieran una pequeña guardería en la barriga.

Durante varias semanas no comían nada y dejaban de hacer la digestión. Los huevos se quedaban allí dentro, calentitos, y de ellos salían los renacuajos. *¡Y NO SE IBAN!* Se quedaban dentro de su mamá, creciendo hasta transformarse en ranas.

Cuando ya habían hecho la metamorfosis, las ranitas salían por la boca de mamá rana... *¡COMO SI LAS VOMITARA!* Pero, tranqui, la mamá rana no lo pasaba mal. Solo estaba ayudando a sus hijas a salir al mundo.

Desafortunadamente, las ranas gástricas ya no existen. Se extinguieron a finales del siglo pasado. *CUANDO UNA ESPECIE SE EXTINGUE, SIGNIFICA QUE HA DESAPARECIDO DEL PLANETA PARA SIEMPRE.* Cada año desaparecen muchos animales y plantas porque los humanos, a veces, tratamos muy mal a la naturaleza: talamos los bosques, ensuciamos los ríos y contaminamos el aire. Todo eso hace que muchos seres vivos pierdan su casa.

QUITRIDIO

Las ranas gástricas se extinguieron por culpa de un enemigo diminuto: *UN HONGO LLAMADO QUITRIDIO.* Ese hongo se les pegaba a la piel y hacía que se pusieran enfermas. Al mismo tiempo, los humanos fuimos destruyendo poco a poco su hábitat, es decir, el lugar donde vivían. Y, al final, acabaron desapareciendo. Por eso es tan importante cuidar el planeta.

¡Vosotros, niños y niñas,
PODÉIS RECORDÁRSELO A LOS ADULTOS!

El extraño ser nocturno que come con un dedo

Nombre común: aye–aye
Nombre científico: *Daubentonia madagascariensis*

El aye–aye parece una mezcla de diferentes animales: tiene cola de ardilla, orejas de murciélago, dientes de rata y dedos de pájaro. Pero ¡no es ningún monstruo de Frankenstein! Es un primate, un pariente muy lejano de los humanos y un poco más cercano de los lemures.

Vive en la isla de Madagascar, frente a las costas de África. Duerme durante el día y por la noche sale a buscar comida. Por eso tiene unos OJOS ENORMES, para ver en la oscuridad, y unas OREJAS GIGANTES, para oír cualquier ruido que hagan sus presas.

EN CADA MANO TIENE UN DEDO tan largo, fino y huesudo que parece una decoración de Halloween. Lo usa para comer, como si fuera un tenedor muy asqueroso de un solo diente.

¿Y SABES QUÉ COME? ¡Bichitos! Caza larvas que viven debajo de la corteza de los árboles. Para encontrarlas, da golpecitos en los troncos, como si llamara a la puerta: **«¡TOC, TOC! ¿HAY ALGUIEN AHÍ?».** Si suena hueco, significa que debajo se esconde una larva rechoncha y jugosa. Entonces mete ese dedo tan feo **¡Y LA PESCA! ¡ÑAM!**

¡Incluso lo usa como cepillo de dientes para quitarse trocitos de comida! ¡Puaj y hum a la vez! **¡ES EL DEDO MÁS ASQUEROSAMENTE ÚTIL DEL MUNDO!**

A veces come fruta y usa ese extraño dedo como una cucharilla para coger la pulpa. También le gusta meter el dedito en las flores para pringarlo de dulce néctar y *DESPUÉS RECHUPETEARLO.*

El aye-aye es uno de los animales más raros del planeta, pero **ESTÁ EN PELIGRO DE EXTINCIÓN** porque los humanos hemos destruido gran parte de los bosques donde vive. Además, durante mucho tiempo, algunas personas lo cazaban porque creían que traía mala suerte por su extraño aspecto.

Da igual que un animal sea feo, raro o dé un poco de asquito: **TODOS TIENEN SU LUGAR EN EL MUNDO Y TODOS MERECEN VIVIR TRANQUILOS.**

El pez con dientes de niño pequeño que aterroriza a los buceadores

Nombre común: pez ballesta
Nombre científico: diferentes especies de la familia Balistidae

¡¡¡Mira qué chulos son los peces ballesta!!! ¡Parece que los han pintado con rotuladores! Existen más de cuarenta especies de pez ballesta. Les encanta vivir cerca de la costa entre los corales. Son redonditos, grandes, y tienen unos colores tan brillantes que parecen juguetes de baño... ¡hasta que te acercas demasiado!

Son tan monos que muchos buceadores se acercan a ellos para verlos mejor. *¡¡¡ERROR!!!*, porque durante la época de cría estos peces tienen muy mal carácter.

Protegen los alrededores de sus nidos para cuidar de sus huevos. Da igual que quien se acerque sea un pez, un tiburón o un humano. El pez ballesta se lanza contra él y le da un buen bocado. *¡¡¡Y MIRA QUÉ BOCA MÁS FEA!!!*

Su boca es pequeña, pero tan fuerte que puede comerse cangrejos y hasta erizos de mar. *¡NO HAY ESPINA, PÚA NI ARMADURA QUE SE RESISTA A SUS MORDISCOS!* Así que, aunque tenga cara de simpático, muerde como si fuera una trituradora.

Tiene unos dientes que parecen los de un niño pequeño. *¡¡¡MIRA!!! ¿A QUE TE RECUERDA A TUS PRIMITOS? JI, JI, JI*

El peor es el pez ballesta titán, un pez grande y malhumorado al que los buceadores tenemos pavor. A veces muerde y otras solo da cabezazos, pero su cráneo es durísimo. **¡A TODOS LOS BUCEADORES NOS HA DADO ALGÚN GOLPE! ¡MENUDO SUSTO!**

A los peces de estas especies se les llama peces ballesta porque *TIENEN UN GATILLO*. Cuando un depredador los asusta, les sale del lomo una espina dorsal. Y no solo pincha, *TAMBIÉN FUNCIONA COMO UNA ESPECIE DE GANCHO* que sirve para que no puedan sacarlo de su escondite ni siquiera tirando muy fuerte.

Vamos, que son como los Transformers del arrecife: cuando se asustan, **¡SE CONVIERTEN EN UN ANCLA VIVIENTE!**

La mayoría de las especies de pez ballesta viven en mares tropicales. Pero *EL CAMBIO CLIMÁTICO ESTÁ CALENTANDO LOS OCÉANOS DE TODO EL MUNDO*, así que cada vez es más habitual verlos en otros mares, como en zonas más frías del Atlántico o en el mar Mediterráneo.

Así que si te das un baño y notas un mordisco en el culo... **¡PUEDE QUE NO SEA TU AMIGO, QUE ESTÁ JUGANDO! ¡ES CULPA DEL CALENTAMIENTO GLOBAL!**

Nidos hechos con babas

Nombre común: salangana nidoblanco
Nombre científico: *Aerodramus fuciphagus*

¿Te imaginas vivir en una casa hecha de babas? ¡Pues eso es lo que hacen las salanganas! Son unas aves de la familia de los vencejos. ¿Sabes cuáles son? Esos que vuelan como avioncitos, hacen nidos en los tejados y no se posan casi nunca en tierra porque tienen las patitas muy cortas.

Las salanganas viven en el sudeste de ASIA, en lugares superexóticos llenos de serpientes, elefantes, arañas y hasta tigres.

Las salanganas siempre van acompañadas. Se juntan en GRUPOS ENORMES para hacer nidos dentro de cuevas gigantescas. Los construyen pegados a las paredes de la roca, donde no hay manera de usar palitos ni ramas.

¡SON LOS PRIMOS TROPICALES DE LOS VENCEJOS, QUE PASAN EL VERANO EN EUROPA Y PARTE DE ASIA, Y EL INVIERNO EN ÁFRICA!

¿Y CON QUÉ LOS FABRICAN, ENTONCES? Pues con una de las sustancias más pegajosas que hay: ¡SU SALIVA!

Su saliva es muy pringosa y se vuelve sólida cuando entra en contacto con el aire. ¡ES COMO PEGAMENTO! Así que mamá y papá salangana van pegando hilos de babas que enseguida se endurecen.

Escupen y escupen hasta que su nido es lo bastante grande y sólido como para poner los huevos dentro. **¡PUEDEN TARDAR DOS MESES EN CONSTRUIR SU CASITA DE BABAS!**

Cuando lo terminan, es un hogar estupendo para sus polluelos. ¡Mira qué blanquito y bonito queda! **¿A QUE YA NO TE DA ASQUETE?**

Lo que sí da un poco de grima es que estos nidos de escupitajos **¡SON COMESTIBLES!** En China, la sopa de nido de salangana es todo un manjar. Se cocinan en agua caliente hasta que se disuelven y forman una especie de sopa gelatinosa. Aunque a nosotros nos dé asco, hay que pensar que cada cultura tiene sus costumbres. Hay quien nunca comería pulpo, caracoles, cortezas de cerdo, lengua o queso roquefort, pero en muchos países se consideran auténticas delicias.

De hecho, estos nidos se venden tan caros que, en muchos lugares de Malasia, Tailandia y Borneo, hay personas cuyo trabajo consiste únicamente en recogerlos. **¡PARA ELLO TIENEN QUE TREPAR A DECENAS DE METROS DEL SUELO EN ESCALERAS DE BAMBÚ Y CUERDA QUE HEREDARON DE SUS PADRES Y ABUELOS!** En ciertos sitios la gente es tan pobre que se ve obligada a recoger los nidos antes de que las salanganas críen. ¡No pueden esperar a que estén abandonados! **Y, POR ESO, LAS SALANGANAS ESTÁN DESAPARECIENDO.**

Muchas veces, la pobreza empuja a los humanos a dañar la naturaleza. Por eso, cuidarnos unos a otros y ayudar a quienes lo necesitan también es cuidar de la Tierra. **¡UN PLANETA MÁS JUSTO ES UN PLANETA MÁS FELIZ!**

El escarabajo con el culo explosivo

Nombre común: escarabajo bombardero
Nombre científico: subfamilias Brachininae y Paussinae

¡NI TE ACERQUES!

Ranas, lagartos, erizos, aves... ¡Todos quieren comerse a los pobres insectos! Por eso, estos usan truquitos para librarse de sus enemigos: algunos tienen aguijones venenosos, como las avispas. Otros se camuflan y se hacen pasar por una rama, como los insectos palo. Otros saben faaatal, como las mariquitas.

¿A QUE NO ME VES?

PARA QUE VUELVAS...

¡PUAJ! ¡QUÉ ASCO!

Pero... *¿TE IMAGINAS A UN INSECTO CAPAZ DE FREÍR A SUS ENEMIGOS CON EL CULO?*

Pues te presento al escarabajo bombardero: un bicho *EXPLOSIVO* de verdad, capaz de disparar *CHORROS DE VAPOR* a más de cien grados. ¡La misma temperatura del agua cuando se hierven los macarrones!

El escarabajo bombardero tiene dentro del cuerpo dos sustancias que, cuando se juntan, producen una reacción química y, ¡PUM!, explotan. Son la hidroquinona y el agua oxigenada.

(SÍ, SÍ, ESA QUE FORMA BURBUJITAS CUANDO TE LA ECHAN EN UNA HERIDA).

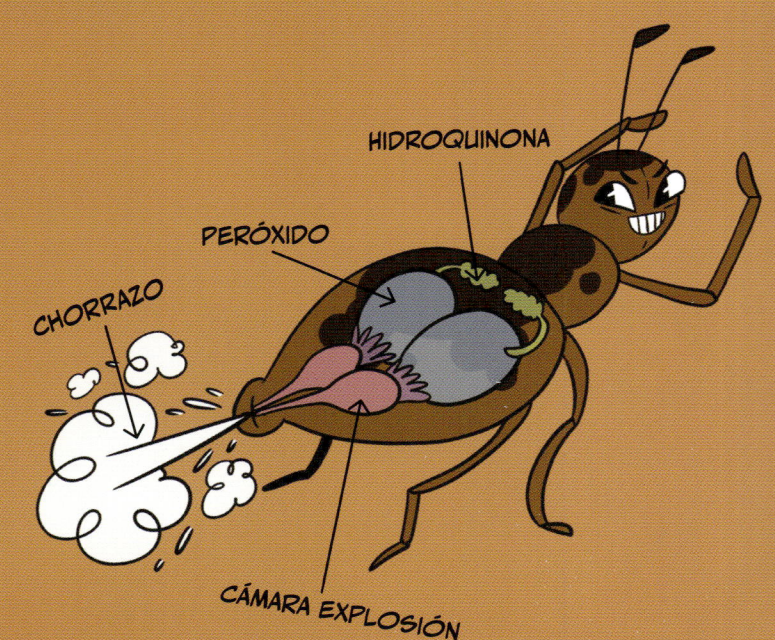

HIDROQUINONA

PERÓXIDO

CHORRAZO

CÁMARA EXPLOSIÓN

Guarda cada sustancia en un órgano distinto, para que no se junten y le exploten dentro. Cuando se enfada, envía las dos sustancias a una cámara que tiene al final del cuerpo, estas reaccionan y, ¡PAF!, el vapor hirviendo sale disparado por un tubito que tiene al lado del agujero del culo. ¡ENCIMA ES CAPAZ DE MOVERLO Y APUNTAR!

Algunas veces lanza su **CHORRAZO CALIENTE** cuando ya se lo ha tragado algún animal. Su vapor quema tanto que hace vomitar al depredador y, gracias a eso, ¡¡¡consigue escapar!!!

Así que ya sabes: si algún día ves un escarabajo y te da por cogerlo... ¡piénsatelo dos veces! PODRÍA TENER EL PANDERO MÁS PELIGROSO DEL BOSQUE.

Cucarachas

Nombre común: cucaracha
Nombre científico: orden Blattodea

Y, por fin, ¡las reinas del asquito, las más cochinas y marranas!
¡Las cuquis! Aunque parezcan escarabajos, no lo son.
Las cucarachas son blatodeos y son parientes
de las mantis religiosas y de las termitas.

Viven a millones en cloacas, garajes, sótanos y hasta en los túneles del metro. **¿SABES POR QUÉ HAY TANTAS EN LAS CIUDADES?** Porque son indestructibles, comen de todo ¡y se reproducen a toda velocidad! Apenas viven un año, pero pueden tener hasta trescientos hijitos.

Son indestructibles porque sus antepasados vivían en ciénagas y pantanos llenos de bacterias, virus y hongos capaces de matar a cualquiera. **¡POR ESO TIENEN UNAS DEFENSAS TREMENDAS QUE LES PERMITEN VIVIR EN ALCANTARILLAS LLENAS DE CACA Y PIS SIN ENFERMAR!**

Pueden comer casi cualquier cosa: jabón, cartón, la silicona del baño... ¡Hasta pegamento y pintura! Todo eso es supertóxico para nosotros, pero a ellas no les pasa nada. Su cuerpo está acostumbrado a soportar venenos y porquerías. Y como ningún otro bicho puede comer este tipo de cosas, no han de compartir sus alimentos con nadie. QUÉ LISTAS, ¿VERDAD?

¡DISFRUTEN SU BASURA RADIACTIVA, SEÑORAS!

Lo más gracioso es que tienen un sentido del gusto mucho más desarrollado que el nuestro. Pueden notar sabores que los humanos ni siquiera imaginamos. ¡POR ESO, A ELLAS UNA UÑA DEL PIE O UN PAÑAL SUCIO LES SABE RIQUÍSIMO! Además, reparten el alimento con otras cucarachas mediante la trofalaxis, es decir, ¡SE VOMITAN COMIDA UNAS A OTRAS!

SSSHHH... ¡VOY DE INCÓGNITO!

En el mundo hay más de cuatro mil quinientas especies de cucarachas. La mayoría viven en la naturaleza y ALGUNAS HASTA SON BONITAS. Como las prosoplectas, que parecen mariquitas. En las selvas de Ecuador incluso hay una especie de cucaracha gigante que brilla en la oscuridad y que parece tener ojos en la espalda. ¡FLIPA!

AHORA ME VES...

... AHORA TAMBIÉN

Como todos los insectos, resisten dosis altísimas de radiactividad, así que si un día hay una guerra nuclear... ¡ELLAS SERÁN LAS QUE NOS CUENTEN CÓMO FUE! Son un poco cochinas y nunca han sido las más bonitas, eso es verdad, pero no hay duda de que... ¡LAS CUCARACHAS SON LAS AUTÉNTICAS SUPERVIVIENTES DEL PLANETA!

¡Y llegamos al final del libro!

¿Cuál ha sido tu animal favorito? ¿Conocías a alguno de ellos?
¿A cuál te encantaría encontrarte en la naturaleza?

A mí me gustan todos por igual, pero ¡también me alucinan muchísimos más!
Solo hemos conocido a unas pocas especies de los millones y millones
que viven en nuestro maravilloso planeta.

¿Te han parecido un poco raros? Pues cada una de esas rarezas es una
adaptación, es decir, una característica que los ayuda a sobrevivir. Algunas
sirven para comer, otras para no ser comido, otras para ver en la oscuridad
de la noche o del fondo del mar, otras para vivir bajo tierra...

Las adaptaciones de estos animales son extrañísimas y a veces un poco
gorrinotas, pero también nos enseñan algo precioso: que todos tenemos
nuestro lugar en el mundo, incluso con nuestras rarezas.

Desde una rata calva y vieja hasta un pez pedorro o un extraño ser peludo
y de orejas gigantes que se hurga los dientes con el dedo...

**Todos merecemos disfrutar de este planeta, que debemos seguir
cuidando porque es nuestra casa y, que sepamos,
¡la única que tenemos!**